Monika und Nicole Helbig

Trendschmuck aus Draht

Wire-Wire, Perlen, Sicherheitsnadeln

Sternenhimmel

Kette

Fertigen Sie mit der dünnen Kurbel vier einfache Spiralen mit je 15 cm Länge an. Teilen Sie jede dieser Spiralen in drei Stücke mit je 5 cm Länge und fertigen Sie daraus zwölf Doppelspiralen. Ziehen Sie die Spiralen und Perlen wie abgebildet auf ein Drahtstück auf und befestigen Sie zum Schluss die Quetschkalotten und den Schmuckverschluss.

Länge

ca. 41 cm

Material

- Metalldraht in dunklem Türkis, 0,7 mm stark
- 3 Glassterne in Transparent (matt), ø 2 cm
- 14 würfelförmige Glasperlen in Transparent, 4,5 mm x 4,5 mm x 4,5 mm
- 1 Schmuckverschluss in Silber
- 2 Quetschkalotten in Silber, ø 3 mm

Wir danken der Firma Kars & Co, Ochten (NL) für die freundliche Unterstützung.

Fotos: frechverlag GmbH + Co. Druck KG, 70499 Stuttgart;
Fotostudio Ullrich & Co., Renningen

Auflage: 5. 4. 3. 2. 1. | Letzte Zahlen
Jahr: 2005 2004 2003 2002 2001 | maßgebend

ISBN 3-7724-2853-3 · Best.-Nr. 2853

frechverlag GmbH + Co. Druck KG, 70499 Stuttgart
Druck: frechverlag GmbH + Co. Druck KG, 70499 Stuttgart

Liebe Leserin,

selbst entworfener und gebastelter Modeschmuck erfreut sich einer immer größer werdenden Beliebtheit.
Voll im Trend liegen jetzt die neuen Schmuckstücke aus Drahtspiralen! Fertigen Sie aus Metalldraht in verschiedenen Farben und Stärken Spiralen an, kombinieren Sie diese mit Perlen und Sicherheitsnadeln und kreieren Sie so ein paar ganz außergewöhnliche Schmuckstücke.
Egal, ob Sie es lieber elegant und dezent oder bunt und lustig mögen – hier in diesem Buch finden Sie sicher viele Ideen, die Sie am liebsten sofort in die Tat umsetzen wollen.
Natürlich können Sie die angegebenen Draht- oder Perlenfarben auch abändern und die Schmuckstücke so individuell Ihrer Garderobe anpassen.
Lassen auch Sie sich von diesem neuen Hobby begeistern!

Dabei wünschen wir Ihnen viel Freude!

Ihre

Monika Helbig & Nicole Helbig

Material

Metalldraht
Metalldraht gibt es von verschiedenen Firmen zu kaufen. Teilweise ist er auf Spulen, teilweise in Beuteln erhältlich. Es gibt ihn in unterschiedlichen Farben. Manchmal ist er lackiert, manchmal farbig ummantelt. Gängige Stärken sind 1,2 mm, 0,7 mm und 0,45 mm. Je nach Hersteller variiert die Stärke leicht. 0,1 mm bis 0,2 mm Differenz bei der Drahtstärke ist für die hier gezeigten Modelle aber kein Problem.

Kurbel
Mit der Wire-Wire-Spezialkurbel, die aus zwei Kurbeln und einer Halterung besteht, stellen Sie die Spiralen für Ihre Schmuckstücke her. Es gibt eine dicke und eine dünne Metallkurbel, mit denen Sie unterschiedlich dicke Spiralen wickeln können.

Schraubzwinge
Mit einer kleinen Schraubzwinge können Sie die Halterung mühelos am Tisch befestigen.

Drahtschneider
Mit ihm schneiden Sie Metalldrähte ab. Er verhindert, dass scharfe Kanten entstehen, an denen Sie sich verletzen können.

Zangen
Zum Biegen von kleinen Ringen und engen Rundungen brauchen Sie eine Rundzange. Eine Flachzange benötigen Sie, um damit Ringe und Ösen zu begradigen, rechte Winkel zu biegen und Zwischenringe zu schließen. Außerdem können Sie mit den Zangen Ösen formen und die Verschlüsse der Sicherheitsnadeln zusammendrücken.

Perlen
Perlen benötigen Sie in verschiedenen Farben und Formen und aus unterschiedlichen Materialien (z.B. Metall, Wachs, Holz, Glas, Plastik). Wir verwenden für unsere Schmuckstücke häufig Rocailles mit einem Durchmesser von 2,5 mm bzw. 4,5 mm. Der Durchmesser variiert von Hersteller zu Hersteller leicht, wobei kleine Abweichungen bei den hier gezeigten Modellen kein Problem sind. Manche Hersteller bezeichnen die großen Rocailles übrigens als Indianerperlen.

Klebstoff
Hier eignet sich am besten Sekundenkleber. Diesen sollten Sie immer zuerst testen, bevor Sie ein fertiges Schmuckstück damit fixieren, denn manche Klebstoffe können Perlen matt machen.

Sicherheitsnadeln
Sicherheitsnadeln gibt es in verschiedenen Größen und Farben zu kaufen.

Sollten Sie eine Nickel-Allergie besitzen, dann verwenden Sie bitte nur nickelfreie Sicherheitsnadeln.

Quetschkalotten

Quetschkalotten dienen zur Befestigung der Drähte an den Verschlüssen. Legen Sie dafür das Drahtende, das Sie evtl. zu einer kleinen Öse gebogen haben, in die Quetschkalotte ein, geben Sie einen Tropfen Sekundenkleber auf den Draht und drücken Sie dann die Quetschkalotte mit einer Flachzange zusammen. In die Öse der Quetschkalotte können Sie nun den Verschluss einhängen.

Schmuckaccessoires

Zur Herstellung des Modeschmucks brauchen Sie Ohrhaken und Schmuckverschlüsse in verschiedenen Formen und Größen.

Hinweis

Bei dem Draht, den Rocailles und vielen Perlenarten lassen sich schlecht Mengenangaben machen. Die benötigte Drahtmenge z.B. variiert je nach Halsumfang leicht. Eine Rolle pro angegebener Farbe ist bei jedem Schmuckstück jedoch ausreichend. Bei den Rocailles und den Perlen ist auf jeden Fall ein Döschen bzw. ein Beutelchen pro angegebener Farbe für jedes Modell ausreichend.

So geht es

Einfache Spirale

1. Legen Sie den Draht wie abgebildet um das Kurbelende. Der Draht soll die Öse der Kurbel umschlingen (Abb. 1).

2. Dann schieben Sie die Kurbel durch die zwei Löcher der Halterung. Halten Sie das kurze Drahtstück mit dem rechten Daumen fest und lassen Sie den restlichen

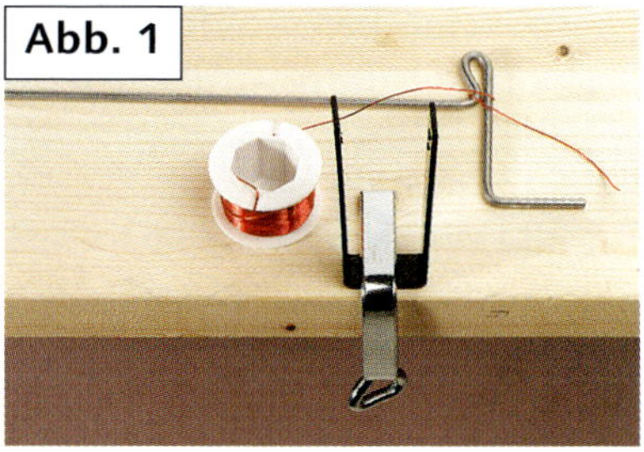
Abb. 1

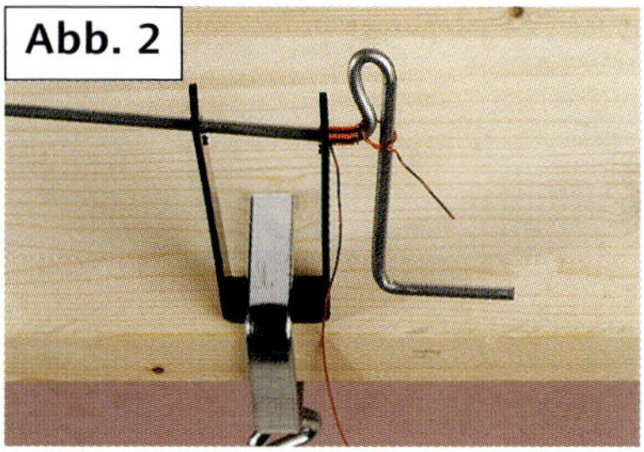
Abb. 2

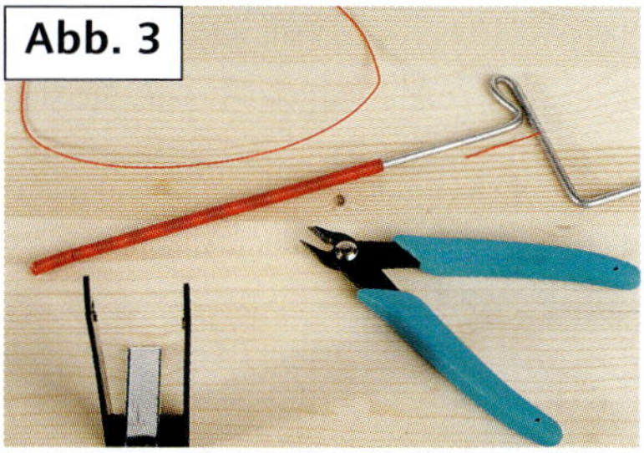
Abb. 3

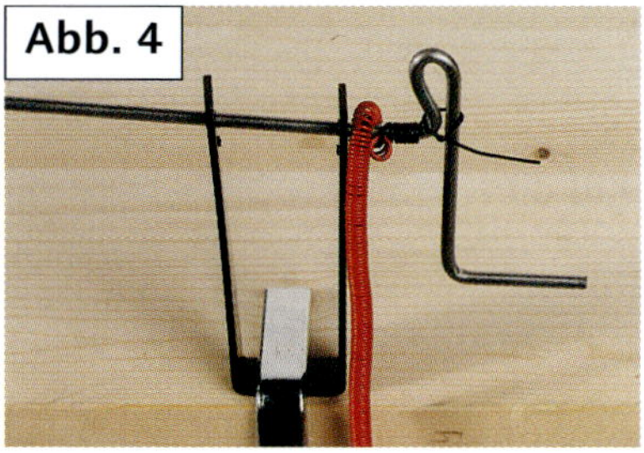
Abb. 4

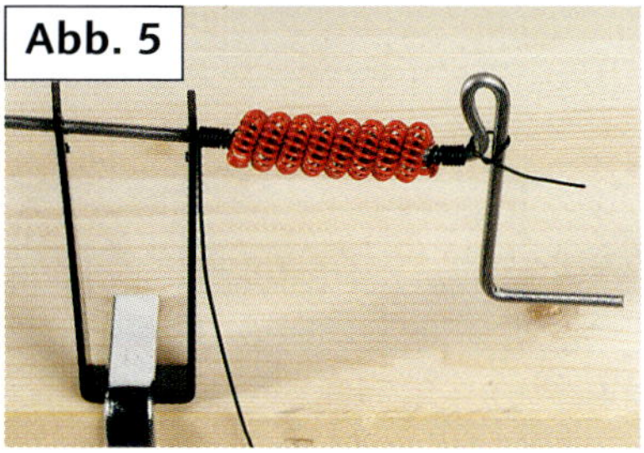
Abb. 5

Draht locker herunterhängen. Kurbeln Sie nun mit der rechten Hand, wobei Sie den Draht mit den Fingern Ihrer linken Hand führen (Abb. 2). Auf diese Art und Weise wickeln Sie Ihre Spiralen, die übrigens maximal eine Länge von 15 cm haben können, da die Kurbeln nicht länger sind.

3. Schneiden Sie den Draht mit dem Drahtschneider ab und ziehen Sie die Spirale vorsichtig von der Kurbel ab (Abb. 3).

Doppelspirale

4. Ziehen Sie durch die gerade angefertigte Spirale einen Draht mit der gleichen Stärke oder etwas stärker. Legen Sie dann ein Ende dieses Drahts (= Kerndraht) wie unter 1. beschrieben um die Öse der Kurbel. Machen Sie nun wie unter 2. beschrieben fünf Schläge mit der Kurbel, sodass ein kurzes Stück des Kerndrahts ebenfalls eine Spirale bildet (Abb. 4).

5. Anschließend schieben Sie die einfache Spirale (hier auf dem Bild rot) auf dem Kerndraht in Richtung der Kurbel, bis sie gegen die Kerndraht-Spirale stößt. Drehen Sie nun die Spirale mit dem Kerndraht, bis die Spirale komplett aufgewickelt ist (Abb. 5). Dann machen Sie nochmals fünf Schläge mit dem Kerndraht. Schneiden Sie den Draht mit dem Drahtschneider ab und streifen Sie die entstandene Doppelspirale vorsichtig von der Kurbel ab.

Metallknoten

6. Schieben Sie einen Draht durch die Doppelspirale. Legen Sie das Ende dieses neuen Kerndrahts wie beschrieben um die Öse der Kurbel. Machen Sie mit dem Kerndraht wieder fünf Schläge. Schieben Sie dann die Doppelspirale in die Richtung der Kurbel und drehen Sie die Doppelspirale, bis sie einen Knoten bildet. Zuletzt machen Sie wieder fünf Schläge mit dem Kerndraht, schneiden diesen mit dem Drahtschneider ab und lösen den Metallknoten von der Kurbel.

Die Spiralen im Überblick

Auf diesem Bild (Abb. 6) sehen Sie die einzelnen Schritte noch einmal im Überblick:

A) Hier wird der Draht an der Kurbel befestigt.
B) Durch Kurbeln entsteht eine einfache Spirale.
C) Ein Kerndraht wird durch die einfache Spirale gezogen.
D) Durch Kurbeln entsteht eine Doppelspirale.
E) Ein Kerndraht wird durch die Doppelspirale gezogen.
F) Durch Kurbeln entsteht ein Metallknoten.

Abb. 6

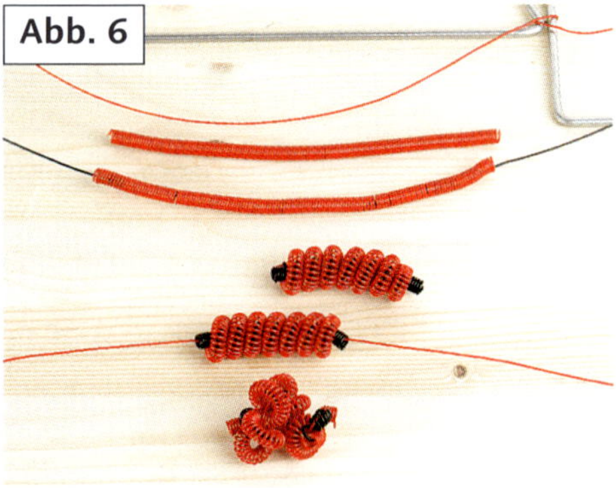

Spiralen mit Perlen

Ziehen Sie zuerst die Perlen auf den Draht auf. Achten Sie dabei darauf, dass der Draht nicht geknickt wird, weil er sonst beim Kurbeln zerreißen könnte! Nun kurbeln Sie die Perlenspirale wie vorher beschrieben. Beim Kurbeln müssen Sie den Draht mit den Perlen immer locker nach oben halten, damit die Perlen nicht vom Draht rutschen können (Abb. 7). Ziehen Sie nicht zu stark an dem Draht, damit er nicht reißt, und schieben Sie die Perlen auf dem Draht immer bis zur Kurbel.

Abb. 7

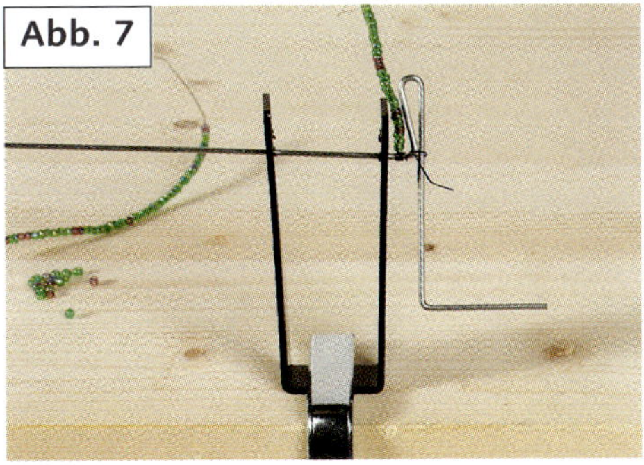

Bei den Perlenspiralen sieht die einfache Spirale übrigens wie eine Doppelspirale und die Doppelspirale wie ein Perlenknoten aus!

Lange einfache Spirale

Wenn Sie ein längeres Spiralstück benötigen, dann schneiden Sie den Draht, nachdem Sie eine einfache Spirale (mit 15 cm Länge) daraus gewickelt haben, nicht ab, sondern ziehen die Spirale von der Kurbel ab und setzen erneut zum Kurbeln an (Abb. 8). So können Sie die Spirale mehrfach verlängern.

Abb. 8

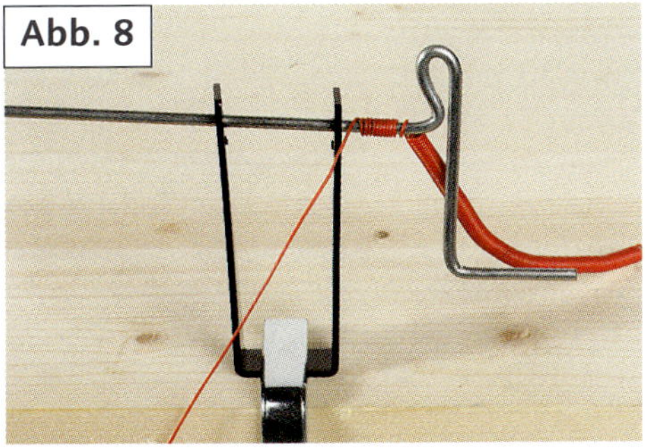

Zweifarbige Doppelspirale

Schieben Sie hintereinander zwei unterschiedlich farbige, einfache Spiralen auf einen Kerndraht. Dann verfahren Sie wie bei der Doppelspirale beschrieben. Achten Sie darauf, dass zwischen den Spiralen keine Lücke entsteht. So erhalten Sie eine zweifarbige Doppelspirale. Diese können Sie ebenfalls zu einem Metallknoten weiterverarbeiten.

Tipp

Für die Anfertigung der Ketten sollten Sie immer ein ca. 60 cm langes Drahtstück abschneiden, auf das Sie die Perlen und Spiralen auffädeln. Kürzen Sie dann den Draht auf die Länge, die Sie wünschen. Die optimale Länge hängt von Ihrem Halsumfang und der Anzahl der verwendeten Perlen und Spiralen ab. Legen Sie die Kette vorher probehalber an, bevor Sie den Draht abschneiden. Eventuell benötigen Sie zusätzliche Perlen, um die Kette zu verlängern.

Länge
ca. 40 cm

Material
- Designdraht in Schwarz, 0,9 mm stark
- 18 Wachsperlen in Orange, ø 6 mm
- 1 Schmuckverschluss in Gold
- 2 Quetschkalotten in Gold, ø 3 mm

Summerfeeling in Orange

Kette in Schwarz-Orange
Fertigen Sie aus dem Draht mit der dünnen Kurbel fünf einfache Spiralen (je 15 cm lang) an. Eine dieser Spiralen teilen Sie in drei Stücke mit je 5 cm Länge. Alle Spiralen werden nun mit der dünnen Kurbel zu Doppelspiralen gedreht. Anschließend fädeln Sie die Perlen und Doppelspiralen auf ein Drahtstück auf und befestigen die Quetschkalotten und den Verschluss.

Kette mit Facettenperlen
Fädeln Sie die kleinen Facettenperlen auf den grünen Draht und fertigen Sie daraus mit der dicken Kurbel eine einfache Perlenspirale. Anschließend fädeln Sie die Rocailles, die großen Facettenperlen und die Perlenspirale wie abgebildet auf den goldfarbenen Draht auf und befestigen die Quetschkalotten und den Verschluss.

Länge
ca. 42 cm

Material
- Metalldraht in Gold, 0,7 mm stark
- Metalldraht in Grün, 0,7 mm stark
- Rocailles in Orange (transparent), ø 2,5 mm
- Facettenperlen in Bernstein (transparent irisierend), ø 6 mm
- Facettenperlen in Bernstein (transparent irisierend), ø 4 mm
- 1 Schmuckverschluss in Gold
- 2 Quetschkalotten, ø 3 mm

Modisch in Pink

(Abbildung Seite 11)

Kette mit Doppelspiralen
Fertigen Sie aus dem pinkfarbenen Draht mit der dünnen Kurbel drei einfache Spiralen (je 15 cm lang) an. Alle Spiralen werden dann auf der dünnen Kurbel zu Doppelspiralen gedreht. Als Kerndraht verwenden Sie den silbernen Draht. Fertigen Sie außerdem zwei einfache Spiralen mit je 15 cm Länge aus dem silbernen Draht an. Anschließend fädeln Sie die Rocailles und Spiralen wie abgebildet auf den silbernen Draht auf. Befestigen Sie zuletzt die Quetschkalotten und den Verschluss. Zwischen die Quetschkalotten und die silbernen Spiralen kommt übrigens jeweils eine Rocaille.

(Weiter auf Seite 10)

Länge
ca. 41 cm

Material
- Metalldraht in Pink, 0,7 mm stark
- Metalldraht in Silber, 0,7 mm stark
- Rocailles in Pink (transparent), ø 4,5 mm
- 1 Schmuckverschluss in Silber
- 2 Quetschkalotten in Silber, ø 3 mm

(Fortsetzung von Seite 9)

Ohrringe

Fertigen Sie aus dem pinkfarbenen Draht mit der dünnen Kurbel zwei einfache Spiralen (je 15 cm lang) an. Beide Spiralen werden nun auf der dünnen Kurbel zu Doppelspiralen gedreht. Als Kerndraht verwenden Sie silbernen Draht. Anschließend fädeln Sie die Doppelspiralen auf ein jeweils 17 cm langes, silbernes Drahtstück und befestigen sie an den Ohrhaken.

Länge
ca. 4,5 cm

Material
- Metalldraht in Pink, 0,7 mm stark
- Metalldraht in Silber, 0,7 mm stark
- 2 Ohrhaken in Silber

Kette mit einfachen Spiralen

Fertigen Sie mit der dünnen Kurbel aus dem pinkfarbenen Draht wie auf Seite 7 beschrieben eine lange einfache Spirale mit 30 cm Länge an. Dann ziehen Sie 25 Rocailles und die Spirale auf ein silbernes Drahtstück auf. Nachdem Sie den Draht ca. 12 cm durch die Spirale geführt haben, ziehen Sie ihn nach außen, fädeln zehn Rocailles auf und führen den Draht 6 cm weiter wieder in die Spirale hinein. Fädeln Sie zum Schluss 25 weitere Rocailles auf und befestigen Sie die Quetschkalotten und den Verschluss.

Länge
ca. 44 cm

Material
- Metalldraht in Pink, 0,7 mm stark
- Metalldraht in Silber, 0,7 mm stark
- Rocailles in Pink (transparent), ø 4,5 mm
- 1 Schmuckverschluss in Silber
- 2 Quetschkalotten in Silber, ø 3 mm

Armband

Fertigen Sie aus dem pinkfarbenen Draht mit der dünnen Kurbel drei einfache Spiralen mit je 15 cm Länge an und verarbeiten Sie diese zu Doppelspiralen. Als Kerndraht verwenden Sie den silbernen Draht. Anschließend fädeln Sie wie abgebildet die Rocailles und die Doppelspiralen auf den silbernen Draht auf und bringen die Quetschkalotten und den Verschluss an.

Länge
ca. 20 cm

Material
- Metalldraht in Pink, 0,7 mm stark
- Metalldraht in Silber, 0,7 mm stark
- Rocailles in Pink (transparent), ø 4,5 mm
- 1 Schmuckverschluss in Silber
- 2 Quetschkalotten in Silber, ø 3 mm

Mit Rot kommt Farbe ins Spiel

Kette mit Doppelspiralen

Fertigen Sie mit der dünnen Kurbel fünf rote und zwei grüne einfache Spiralen mit je 15 cm Länge an. Dann werden aus den roten Spiralen Doppelspiralen gedreht. Als Kerndraht verwenden Sie dabei grünen Draht. Fädeln Sie alle Spiralen anschließend auf grünen Draht auf und befestigen Sie die Quetschkalotten und den Verschluss.

Länge

ca. 45 cm

Material

- Metalldraht in Rot, 0,7 mm stark
- Metalldraht in Grün, 0,7 mm stark
- 1 Schmuckverschluss in Silber
- 2 Quetschkalotten in Silber, ø 5 mm

Kette mit Perlen und Doppelspiralen

Fertigen Sie mit der dünnen Kurbel fünf rote einfache Spiralen mit je 15 cm Länge an. Daraus fertigen Sie dann zwei Doppelspiralen mit der dünnen und drei Doppelspiralen mit der dicken Kurbel. Als Kerndraht verwenden Sie den grünen Draht. Fädeln Sie die Wachsperlen, die Rocailles und die Doppelspiralen wie abgebildet auf den grünen Draht auf und bringen Sie die Quetschkalotten und den Verschluss an.

Länge

ca. 40 cm

Material

- Metalldraht in Rot, 0,7 mm stark
- Metalldraht in Grün, 0,7 mm stark
- Rocailles in Rot (opak), ø 4,5 mm
- 12 Wachsperlen in Grün, ø 6 mm
- 1 Schmuckverschluss in Gold
- 2 Quetschkalotten in Gold, ø 3 mm

Armband

Fädeln Sie auf den braunen Draht immer eine Rocaille und eine Stiftperle im Wechsel auf. Dann kurbeln Sie den mit Perlen bestückten Draht mit der dünnen Kurbel vorsichtig zu einer einfachen Spirale. Anschließend ziehen Sie den roten Draht durch die Spirale und bringen die Quetschkalotten und den Verschluss an.

Länge

ca. 17 cm

Material

- Metalldraht in Rot, 0,7 mm stark
- Metalldraht in Braun, 0,45 mm stark
- Rocailles in Grün (transparent), ø 2,5 mm
- Stiftperlen in Rot (transparent), 10 mm lang
- 1 Schmuckverschluss in Silber
- 2 Quetschkalotten in Silber, ø 3 mm

Klassischer Perlenschmuck

Kette

Fädeln Sie die kleinen Wachsperlen auf den Draht auf und fertigen Sie daraus mit der dicken Kurbel eine 15 cm lange Perlenspirale. Dann fädeln Sie die größeren Wachsperlen und die Perlenspirale wie abgebildet auf den Draht auf und befestigen die Quetschkalotten und den Verschluss.

Länge

ca. 41 cm

Material

- Metalldraht in Silber, 0,7 mm stark
- 8 Wachsperlen in Weiß, ø 8 mm
- Wachsperlen in Weiß, ø 6 mm
- Wachsperlen in Weiß, ø 3 mm
- 1 Schmuckverschluss in Silber
- 2 Quetschkalotten in Silber, ø 3 mm

Armband
Ziehen Sie die Wachsperlen auf den Draht auf und fertigen Sie daraus mit der dicken Kurbel wie auf Seite 7 beschrieben eine ca. 20 cm lange einfache Spirale an. Fädeln Sie die Spirale auf ein Drahtstück und befestigen Sie die Quetschkalotten und den Verschluss.

Länge
ca. 21 cm

Material
- Metalldraht in Silber, 0,7 mm stark
- Wachsperlen in Weiß, ø 3 mm
- 1 Schmuckverschluss in Silber
- 2 Quetschkalotten in Silber, ø 5 mm

Bezauberndes in Grün

(Abbildung Seite 16/17)

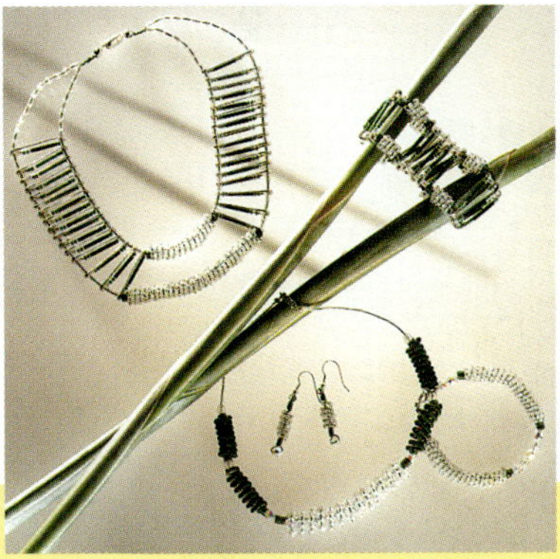

Kette mit Sicherheitsnadeln
Fädeln Sie die klaren Rocailles auf ein 1,5 m und ein 0,75 m langes Drahtstück auf und verarbeiten Sie beide Perlendrähte mit der dicken Kurbel zu Spiralen. Fädeln Sie auf jede Sicherheitsnadel vier hellgrüne Rocailles und eine Stiftperle auf. Dann werden die olivenförmigen Perlen, die mit Perlen bestückten Sicherheitsnadeln und die Perlenspiralen auf zwei Drahtstücke aufgefädelt, wobei jeweils eine bzw. zwei olivenförmige Perlen als Abstandshalter zwischen die Sicherheitsnadeln kommen. Verzwirbeln Sie die beiden Drahtstücke an den Enden und bringen Sie die Quetschkalotten und den Verschluss an.

(Weiter auf Seite 16)

Länge
ca. 41 cm

Material
- Metalldraht in Grün, 0,7 mm stark
- 32 Sicherheitsnadeln in Silber, 34 mm lang
- Rocailles in Klar (irisierend), ø 2,5 mm
- Rocailles in Hellgrün, ø 2,5 mm
- Stiftperlen in Grün, 15 mm lang
- Olivenförmige Perlen in Klar (irisierend), 6 mm lang
- 1 Schmuckverschluss in Silber
- 2 Quetschkalotten in Silber, ø 5 mm

Armband mit Sicherheitsnadeln

Fertigen Sie aus den klaren Rocailles und dem Draht mit der dicken Kurbel acht 2 cm lange Perlenspiralen an. Auf jede Sicherheitsnadel fädeln Sie vier hellgrüne Rocailles und eine Stiftperle auf. Dann fädeln Sie abwechselnd jeweils fünf Sicherheitsnadeln und zwei Perlenspiralen (eine auf den oberen Faden, die andere auf den unteren) auf zwei Stücke Magic-Stretch-Faden auf. Zwischen die Sicherheitsnadeln kommen dabei olivenförmige Perlen als Abstandshalter. Bei den Sicherheitsnadeln sollte abwechselnd die Verschlussseite und die Öse nach oben zeigen. Verknoten Sie beide Fäden und fixieren Sie die Knoten mit Sekundenkleber.

Länge
ca. 18 cm

Material
- Metalldraht in Grün, 0,7 mm stark
- 20 Sicherheitsnadeln in Silber, 34 mm lang
- Rocailles in Klar (irisierend), ø 2,5 mm
- Rocailles in Hellgrün, ø 2,5 mm
- Stiftperlen in Grün, 15 mm lang
- Olivenförmige Perlen in Klar (irisierend), ø 6 mm
- Magic-Stretch-Faden in Transparent, 0,6 mm stark

Ohrringe

Fädeln Sie die Rocailles auf zwei 10 cm lange Drahtstücke auf und fertigen Sie daraus mit der dünnen Kurbel Perlenspiralen an. Schneiden Sie dann zwei 8 cm lange Drahtstücke ab, ziehen Sie auf die Mitte jedes Drahtstücks je eine Facettenperle auf, biegen Sie den Draht zusammen, führen Sie ihn durch die Spirale, biegen Sie dessen Ende zu einer Öse und befestigen Sie es am Ohrhaken.

Länge
ca. 5,5 cm

Material
- Metalldraht in Grün, 0,7 mm stark
- Rocailles in Klar (irisierend), ø 2,5 mm
- 2 Facettenperlen in Klar (irisierend), ø 6 mm
- 2 Ohrhaken in Silber

(Weiter auf Seite 18)

(Fortsetzung von Seite 16)

Kette mit Glasperlen
Aus dem Draht werden mit der dünnen Kurbel vier einfache Spiralen (je 15 cm lang) angefertigt und mithilfe der dicken Kurbel Doppelspiralen daraus gemacht. Dann fädeln Sie die Glasperlen auf den Draht und fertigen daraus mit der dicken Kurbel eine einfache Perlenspirale an. Die Stiftperlen, die Doppelspiralen, die Glasperlen und die Perlenspirale werden dann wie auf dem Foto gezeigt auf den Draht gefädelt. Zum Schluss bringen Sie die Quetschkalotten und den Verschluss an.

Länge
ca. 40 cm

Material
- Metalldraht in Olivgrün, 0,7 mm stark
- Stiftperlen in Klar (irisierend), 10 mm lang
- Glasperlen in Klar (irisierend), ø 6 mm
- 1 Schmuckverschluss in Silber
- 2 Quetschkalotten in Silber, ø 3 mm

Armband mit Rocailles
Für das Armband werden die Rocailles auf zwei 1 m lange Drahtstücke aufgefädelt und daraus mit der dicken Kurbel zwei Perlenspiralen angefertigt. Dann fädeln Sie die Spiralen und die Glasperlen auf und bringen die Quetschkalotten und den Verschluss an.

Länge
ca. 18 cm

Material
- Metalldraht in Olivgrün, 0,7 mm stark
- Glasperlen in Klar (irisierend), ø 4 mm
- Rocailles in Klar (irisierend), ø 2,5 mm
- 1 Schmuckverschluss in Silber
- 2 Quetschkalotten in Silber, ø 3 mm

Kombination in Grün

Kette in Grün-Schwarz
Fertigen Sie aus dem Draht zwei einfache Spiralen mit der dünnen und eine Spirale mit der dicken Kurbel (je 15 cm lang) an. Dann fertigen Sie aus den dünnen Spiralen Doppelspiralen. Fädeln Sie 13 Holzperlen, eine Doppelspirale und dann die einfache Spirale auf ein Drahtstück auf, wobei Sie den Draht bei der einfachen Spirale nach ca. 5 cm nach außen führen, sieben Holzperlen auffädeln und den Draht dann 5 cm weiter wieder in die einfache Spirale einführen. Fädeln Sie die weitere Doppelspirale und die restlichen Holzperlen auf und bringen Sie die Quetschkalotten und den Verschluss an.

Länge
ca. 40 cm

Material

- Designdraht in Grün, 0,9 mm stark
- 33 Holzperlen in Schwarz, ø 6 mm
- 1 Schmuckverschluss in Silber
- 2 Quetschkalotten in Silber, ø 3 mm

Kette in Grün

Fertigen Sie aus dem Draht vier einfache Spiralen mit der dünnen Kurbel (je 15 cm lang) an und machen Sie daraus dann Doppelspiralen. Ziehen Sie die Doppelspiralen und die Perlen auf ein Drahtstück auf und bringen Sie die Quetschkalotten und den Verschluss an.

Länge
ca. 40 cm

Material

- Designdraht in Grün, 0,9 mm stark
- 24 Wachsperlen in Grün, ø 6 mm
- 1 Schmuckverschluss in Silber
- 2 Quetschkalotten in Silber, ø 3 mm

Schmuck in warmen Naturtönen

Kette mit Metallknoten

Fertigen Sie mit der dünnen Kurbel drei goldene und zwei schwarze einfache Spiralen mit je 15 cm Länge an und verarbeiten Sie diese zu Metallknoten weiter. Als Kerndraht verwenden Sie dabei den schwarzen Draht. Dann werden die Metallknoten und die Holzperlen wie abgebildet auf den silbernen Draht aufgefädelt, die Drahtenden zu Ösen gebogen und der Verschluss angebracht.

Länge
ca. 41 cm

Material
- Metalldraht in Gold, 0,7 mm stark
- Metalldraht in Schwarz, 0,7 mm stark
- Metalldraht in Silber, 1,2 mm stark
- 4 Holzperlen in Natur, ø 20 mm
- 30 Holzperlen in Natur, ø 8 mm
- 1 Schmuckverschluss in Gold

Kette mit Perlenspirale

Zuerst ziehen Sie kleine Holzperlen (ohne bestimmte Reihenfolge) auf ein ca. 1,5 m langes schwarzes Drahtstück auf und fertigen daraus mit der dicken Kurbel eine ca. 10 cm lange Perlenspirale an. Anschließend fertigen Sie aus dem schwarzen Draht mit der dünnen Kurbel drei einfache Spiralen (je 15 cm lang) an, teilen eine der Spiralen in der Mitte und machen aus allen Spiralen mit der dicken Kurbel Doppelspiralen. Dabei verwenden Sie den mittelstarken silbernen Draht als Kerndraht. Zuletzt fädeln Sie die Doppelspiralen und Perlen wie abgebildet auf den dicken silbernen Metalldraht auf, biegen dessen Enden zu Ösen und befestigen den Verschluss daran.

Länge
ca. 45 cm

Material
- Metalldraht in Schwarz, 0,45 mm stark
- Metalldraht in Silber, 0,7 mm stark
- Metalldraht in Silber, 1,2 mm stark
- 2 Holzwürfel in Dunkelbraun, 10 mm x 10 mm x 10 mm
- 2 Holzkegel in Natur, ø 10 mm
- 6 Holzoliven in Natur, 8 mm lang
- 4 Holzperlen in Braun, ø 6 mm
- Holzperlen in Hellbraun, ø 4 mm
- Holzperlen in Natur, ø 4 mm
- 1 Schmuckverschluss in Silber

Armband
Fädeln Sie die Holzperlen gemischt auf ein ca. 2 m langes Stück schwarzen Metalldraht auf und fertigen Sie daraus eine Perlenspirale mit ca. 18 cm Länge an. Diese Spirale ziehen Sie nun auf den silbernen Draht auf und befestigen daran die Quetschkalotten und den Verschluss.

Länge
ca. 19 cm

Material
- Metalldraht in Schwarz, 0,7 mm stark
- Metalldraht in Silber, 1,2 mm stark
- Holzperlen in Hellbraun, ø 4 mm
- Holzperlen in Natur, ø 4 mm
- 1 Schmuckverschluss mit Regulationskettchen in Silber
- 2 Quetschkalotten in Silber, ø 5 mm

Elegant in Silber und Türkis

Kette mit Metallknoten

Fertigen Sie mit der dünnen Kurbel fünf Spiralen in Türkis und eine in Silber (je 15 cm lang) an. Aus vier türkisfarbenen Spiralen fertigen Sie mit der dünnen Kurbel Doppelspiralen mit silbernem Draht als Kerndraht an. Dann werden die übrige türkisfarbene und die silberne Spirale auf dem Kerndraht aufeinander geschoben, daraus mit der dicken Kurbel eine zweifarbige Doppelspirale angefertigt und diese auf der dünnen Kurbel zu einem Metallknoten weiterverarbeitet. Ausnahmsweise werden bei dieser Kette übrigens bei den Doppelspiralen und dem Metallknoten am Anfang und Ende 15 Schläge mit dem Kerndraht gemacht. Die Doppelspiralen, der Metallknoten und die Perlen werden auf türkisfarbenen Draht aufgefädelt und die Quetschkalotten und der Verschluss angebracht.

Länge

ca. 46 cm

Material

- Metalldraht in dunklem Türkis, 0,7 mm stark
- Metalldraht in Silber, 0,7 mm stark
- 6 doppelkegelförmige Perlen in Silber, ø 6 mm
- Rocailles in Schwarz, ø 4,5 mm
- 1 Schmuckverschluss in Silber
- 2 Quetschkalotten in Silber, ø 3 mm

Länge

ca. 42 cm

Material

- Metalldraht in dunklem Türkis, 0,7 mm stark
- Metalldraht in Silber, 0,7 mm stark
- 12 olivenförmige Perlen in Silber, 6 mm lang
- 1 Perle mit Schmetterlingsmotiv in Silber, 14 mm breit
- 1 Schmuckverschluss in Silber
- 2 Quetschkalotten in Silber, ø 3 mm

Kette mit Schmetterling

Mit der dünnen Kurbel fertigen Sie vier einfache Spiralen in Türkis (je 15 cm lang) und eine in Silber (7 cm lang) an. Dann machen Sie aus zwei türkisfarbenen Spiralen mit der dünnen Kurbel Doppelspiralen. Als Kerndraht verwenden Sie dabei türkisfarbenen Draht. Die Spiralen und Perlen werden dann wie abgebildet auf silbernen Draht aufgezogen. Dabei führen Sie nach 2 cm den Draht aus der silbernen Spirale heraus, ziehen die Schmetterlingsperle und zwei Silberoliven auf und führen den Draht 3 cm weiter wieder in die Spirale ein. Zuletzt werden die Quetschkalotten und der Verschluss befestigt.

Armreif

Aus dem dünnen Draht werden mit der dünnen Kurbel drei einfache Spiralen (je 15 cm lang) angefertigt und diese mit der dünnen Kurbel zu Doppelspiralen verarbeitet. Die Doppelspiralen und die Perlen ziehen Sie dann auf den dicken Draht auf und biegen dessen Enden zu einem Verschluss. Wenn Sie wollen, können Sie hier aber auch Quetschkalotten und einen ganz normalen Schmuckverschluss anbringen.

Länge
ca. 20 cm

Material

- Metalldraht in Silber, 1,2 mm stark
- Metalldraht in Silber, 0,7 mm stark
- Rocailles in Schwarz, ø 4,5 mm

Schlicht in Schwarz und Silber

Kette mit Doppelspiralen

Mit der dünnen Kurbel fertigen Sie zwei silberne und drei schwarze einfache Spiralen (je 15 cm lang) an. Dann werden die beiden silbernen und eine schwarze Spirale mit der dünnen Kurbel zu Doppelspiralen weiterverarbeitet. Aus den restlichen zwei schwarzen Spiralen machen Sie mit der dicken Kurbel Doppelspiralen. Als Kerndraht verwenden Sie bei den silbernen Spiralen schwarzen Draht und bei den schwarzen Spiralen silbernen Draht. Die Perlen und Doppelspiralen werden dann auf den silbernen Draht aufgezogen und die Quetschkalotten und der Verschluss befestigt.

Länge
ca. 44 cm

Material
- Designdraht in Silber, 0,9 mm stark
- Designdraht in Schwarz, 0,9 mm stark
- 14 Holzperlen in Schwarz, ø 8 mm
- 8 Holzperlen in Schwarz, ø 6 mm
- 1 Schmuckverschluss in Silber
- 2 Quetschkalotten in Silber, ø 3 mm

Armband mit Doppelspiralen

Fertigen Sie mit der dünnen Kurbel zwei silberne und eine schwarze einfache Spirale mit je 15 cm Länge an und verarbeiten Sie sie mit der dünnen Kurbel zu Doppelspiralen weiter. Als Kerndraht verwenden Sie bei den silbernen Spiralen schwarzen Draht und bei der schwarzen Spirale silbernen Draht. Dann werden die Doppelspiralen und Perlen auf den silbernen Draht aufgezogen und die Quetschkalotten und der Verschluss angebracht.

Länge
ca. 22 cm

Material
- Designdraht in Silber, 0,9 mm stark
- Designdraht in Schwarz, 0,9 mm stark
- 4 Holzperlen in Schwarz, ø 6 mm
- 1 Schmuckverschluss in Silber
- 2 Quetschkalotten in Silber, ø 3 mm

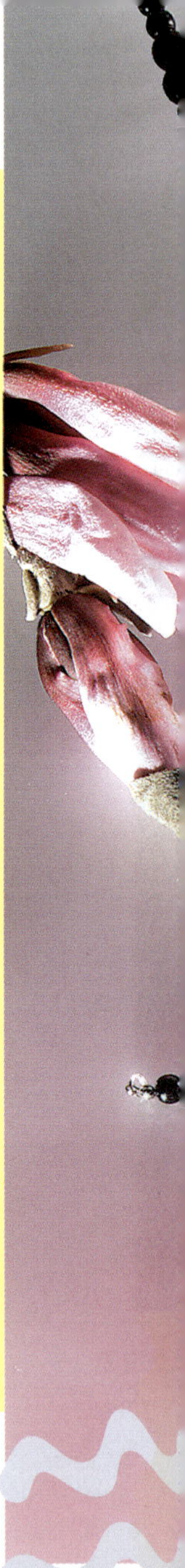

Kette in Silber

Aus dem Designdraht fertigen Sie mit der dünnen Kurbel drei einfache Spiralen (je 15 cm lang) an. Eine dieser Spiralen wird mit der dünnen Kurbel zu einer Doppelspirale weiterverarbeitet. Die Perlen und Spiralen werden dann auf den Draht aufgefädelt und die Quetschkalotten und der Verschluss befestigt.

Länge
ca. 49 cm

Material

- Designdraht in Silber, 0,9 mm stark
- 16 Wachsperlen in Silber (matt), ø 6 mm
- 1 Schmuckverschluss in Silber
- 2 Quetschkalotten in Silber, ø 3 mm

Dezent und edel

Kette

Fertigen Sie aus dem dünnen Draht mit der dünnen Kurbel sechs einfache Spiralen mit je 15 cm Länge an. Teilen Sie eine dieser Spiralen in der Mitte. Dann verarbeiten Sie die fünf langen und eine der kurzen Spiralen direkt hintereinander zu einer langen Doppelspirale. Das einzelne kurze Stück wird ebenfalls zu einer Doppelspirale verarbeitet. Als Kerndraht verwenden Sie den goldenen Draht. Ziehen Sie die Rocailles und die lange Doppelspirale auf den schwarzen Draht auf. Nach 13 cm führen Sie den Draht aus der langen Doppelspirale heraus, fädeln das kurze Spiralstück auf und führen den Draht 4 cm weiter wieder in die lange Doppelspirale ein. Zuletzt befestigen Sie die Quetschkalotten und den Verschluss.

Länge

ca. 41 cm

Material

- Metalldraht in Schwarz, 0,45 mm stark
- Metalldraht in Gold, 0,7 mm stark
- Metalldraht in Schwarz, 0,7 mm stark
- Rocailles in Schwarz, ø 4,5 mm
- 1 Schmuckverschluss in Gold
- 2 Quetschkalotten in Gold, ø 5 mm

Ohrringe

Fertigen Sie aus dem dünnen Draht mit der dünnen Kurbel zwei einfache Spiralen mit je 15 cm Länge an und verarbeiten Sie sie auf der dünnen Kurbel zu Doppelspiralen. Als Kerndraht verwenden Sie goldenen Draht. Schneiden Sie pro Ohrring ein ca. 14 cm langes goldenes Drahtstück ab, auf das Sie jeweils eine Doppelspirale und 14 Rocailles fädeln. Verdrehen Sie die Drahtenden miteinander und befestigen Sie den entstandenen Ring am Ohrhaken.

Länge
ca. 7 cm

Material

- Metalldraht in Schwarz, 0,45 mm stark
- Metalldraht in Gold, 0,7 mm stark
- Rocailles in Schwarz, ø 4,5 mm
- 2 Ohrhaken in Gold

Kombination mit Sicherheitsnadeln

Armband

Für das Armband fertigen Sie mit der dünnen Kurbel sechs einfache Spiralen (je 15 cm lang) an und verarbeiten diese mit der dünnen Kurbel zu Doppelspiralen weiter. Dann fädeln Sie auf sechs Sicherheitsnadeln jeweils acht kleine und zwei große Rocailles. Drei Sicherheitsnadeln werden wie abgebildet mit je einer Sternperle, sechs kleinen und zwei großen Rocailles bestückt. Anschließend ziehen Sie die Doppelspiralen und die Sicherheitsnadeln auf den Magic-Stretch-Faden auf. Dabei kommt zwischen die Sicherheitsnadeln jeweils eine große Rocaille als Abstandshalter. Zuletzt verknoten Sie das Armband und sichern den Knoten durch Sekundenkleber.

Länge
ca. 20 cm

Material

- Metalldraht in Silber, 0,7 mm stark
- 9 Sicherheitsnadeln in Blau, 28 mm lang
- Rocailles in Hellblau (opak), ø 4,5 mm
- Rocailles in Hellblau (transparent), ø 2,5 mm
- 3 Sternperlen in Silber, ø 4 mm
- Magic-Stretch-Faden in Transparent, 0,6 mm stark

Kette

Mit der dünnen Kurbel wird eine einfache Spirale (15 cm lang) hergestellt und zu einer Doppelspirale weiterverarbeitet. Dann bestücken Sie die Sicherheitsnadeln folgendermaßen: Auf zwei kommen nur kleine Rocailles, auf zwei jeweils vier kleine und zwei große Rocailles und ein Stern. Auf die letzte Sicherheitsnadel fädeln Sie zwei große und sechs kleine Rocailles. Anschließend ziehen Sie die Doppelspirale, die fünf Sicherheitsnadeln und die großen Rocailles auf Magic-Stretch-Faden auf, wobei zwischen die Sicherheitsnadeln immer eine große Rocaille als Abstandshalter kommt. Zum Schluss bringen Sie die Quetschkalotten und den Verschluss an.

Länge
ca. 48 cm

Material

- Metalldraht in Silber, 0,7 mm stark
- 5 Sicherheitsnadeln in Blau, 28 mm lang
- Rocailles in Hellblau (opak), ø 4,5 mm
- Rocailles in Hellblau (transparent), ø 2,5 mm
- 2 Sternperlen in Silber, ø 4 mm
- Magic-Stretch-Faden in Transparent, 0,6 mm stark
- 1 Schmuckverschluss in Silber
- 2 Quetschkalotten in Silber, ø 3 mm

Puppen-Tanz

Diese lustigen Puppen sind tolle Anstecker, lustige Kettenanhänger oder eignen sich auch als witziger Dekorationsgegenstand. Bevor wir die einzelnen Püppchen erklären, wollen wir Ihnen hier kurz allgemein beschreiben, wie die Püppchen gearbeitet werden.

1. Sie benötigen für jedes Püppchen zwei 60 cm lange Drahtstücke und verschiedene Perlen. Zuerst fertigen Sie nur eine Seite des Püppchens an. Sie beginnen dabei immer mit dem Fuß. Machen Sie auf der dünnen Kurbel einige Umdrehungen mit dem Draht und fädeln Sie dann eine oder mehrere Perlen auf. Nun folgen wieder einige Schläge mit dem Draht auf der dünnen Kurbel. Für einige Püppchen müssen Sie noch mehr Perlen auffädeln, bevor Sie weitere Schläge mit der Kurbel machen und dann eine oder mehrere Bauch-Perlen auffädeln. Dann kommt der Arm an die Reihe: Für einige Püppchen müssen Sie wieder Schläge mit der dünnen Kurbel machen, bevor Sie eine oder mehrere Perlen auffädeln, für andere nicht. Abgeschlossen wird der Arm zumindest immer mit einem kurzen Spiralstück (Abb. 1).

2. Nun kommt die andere Püppchen-Hälfte an die Reihe: Wiederholen Sie die ersten Arbeitsschritte bis zum Bauch wie oben beschrieben. Dann ziehen Sie den Draht durch die Bauch-Perlen (Abb. 2). Bei den Armen verfahren Sie ebenfalls wie unter 1. beschrieben.

3. Befestigen Sie die Perle für den Kopf mit einem Streichholz, das Sie zuerst in der Öffnung der Kopf-Perle festkleben und anschließend in die Bauch-Perle schieben und dort fixieren. Fertigen Sie dann aus einem 5 cm langen Drahtstück eine einfache Spirale an. Scheiden Sie diese in drei Teile, ziehen Sie die Spiral-Stücke etwas auseinander und befestigen Sie sie als Haare im Loch der Kopf-Perle.

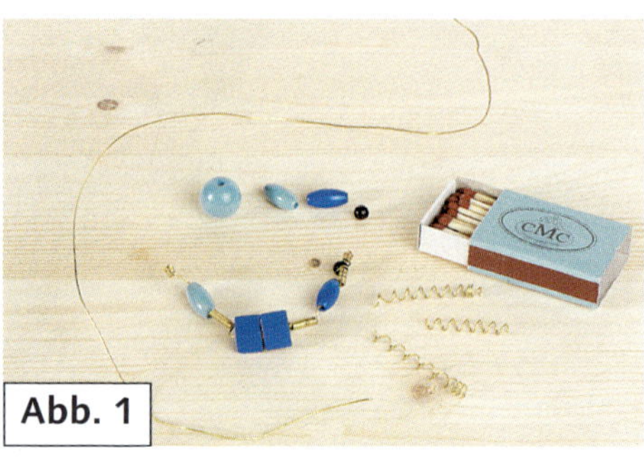

Abb. 1

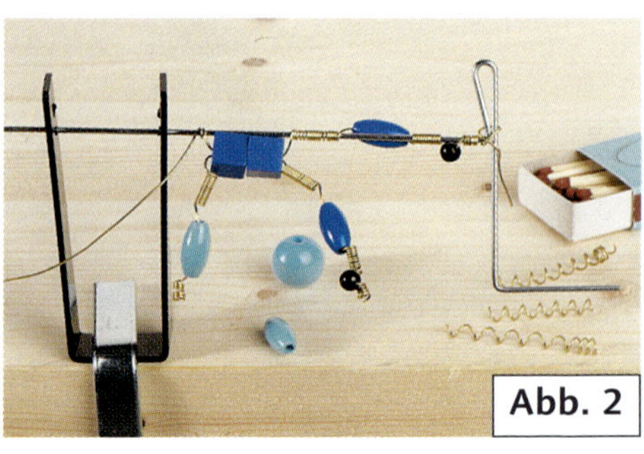
Abb. 2

Materialliste für Rotes Püppchen

Höhe

ca. 10 cm

Material

- Metalldraht in Rot, 0,7 mm stark
- Metalldraht in Silber, 1,2 mm stark
- 2 Holzperlen in Braun, ø 6 mm
- 1 Holzperle in Dunkelrot, ø 15 mm
- 2 olivenförmige Holzperlen in Rot, 15 mm lang
- 2 olivenförmige Holzperlen in Dunkelrot, 15 mm lang
- 1 Holzkegel in Rot, ø 10 mm
- 1 Holzwürfel in Rot, 10 mm x 10 mm x 10 mm
- 1 Streichholz

Rotes Püppchen
(Materialliste Seite 31)
Fertigen Sie das rote Püppchen wie in der allgemeinen Anleitung beschrieben an. Für die Aufhängung biegen Sie den dicken Draht mit einer Rundzange zu einer kleinen Öse und befestigen diese an der Kopf-Perle.

Püppchen mit Silberdraht
Fertigen Sie das Püppchen wie in der allgemeinen Anleitung beschrieben an.

Höhe
ca. 9 cm

Material
- Metalldraht in Silber, 0,7 mm stark
- 6 Holzperlen in Rot, ø 6 mm
- 2 Holzperlen in Braun, ø 8 mm
- 1 Holzperle in Orange, ø 12 mm
- 1 doppelkegelförmige Perle in Schwarz, ø 20 mm
- 1 Streichholz

Buntes Püppchen
Arbeiten Sie das Püppchen wie in der allgemeinen Anleitung beschrieben. Zum Schluss kleben Sie die Broschennadel auf den Rücken des Püppchens.

Höhe
ca. 9 cm

Material
- Metalldraht in Rot, 0,7 mm stark
- Metalldraht in Schwarz, 0,7 mm stark
- 2 Holzperlen in Gelb, ø 4 mm
- 2 Holzperlen in Grün, ø 4 mm
- 2 Holzperlen in Gelb, ø 6 mm
- 2 Holzperlen in Braun, ø 6 mm
- 2 Holzperlen mit Rillen in Rot, 15 mm lang
- 1 Holzperle in Rot, ø 15 mm
- 1 rechteckige Holzperle mit abgerundeten Kanten in Natur, 20 mm x 10 mm x 10 mm
- 1 Streichholz
- 1 Broschennadel in Silber

Braunes Püppchen mit rotem Kopf
Arbeiten Sie dieses Püppchen wie in der allgemeinen Anleitung beschrieben und kleben Sie zum Schluss die Broschennadel auf den Rücken des Püppchens.

Höhe
ca. 10 cm

Material
- Metalldraht in Gold, 0,7 mm stark
- 4 Holzperlen in Hellbraun, ø 4 mm
- 2 Holzperlen in Natur, ø 8 mm
- 1 Holzperle in Rot, ø 15 mm
- 2 olivenförmige Holzperlen in Dunkelbraun, 15 mm lang
- 1 rechteckige Holzperle mit abgerundeten Kanten in Dunkelbraun, 20 mm x 10 mm x 10 mm
- 1 Streichholz
- 1 Broschennadel in Silber